When Do The Good Things Start?:
A therapist looks at life's ups and downs

When Do The Good Things Start?:
A therapist looks at life's ups and downs

When Do The Good Things Start?:
A therapist looks at life's ups and downs

When Do The Good Things Start?:
A therapist looks at life's ups and downs

好事即將發生

史努比 SNOOPY 陪你找到自我認同，激勵低潮人生

When do the good things start? :
a therapist looks at life's ups and downs(with a bit of help
from Charlie Brown and his friends)

亞伯拉罕 J・托爾斯基 Abraham J. Twerski M.D.

查爾斯・M・舒茲 Charles M. Schulz・著

戴家榕・譯

目 錄

就是多／當你需要時，尋求幫助／別在開始之前就放棄／你可以享受成功

花生漫畫（Peanuts） 人物關係圖

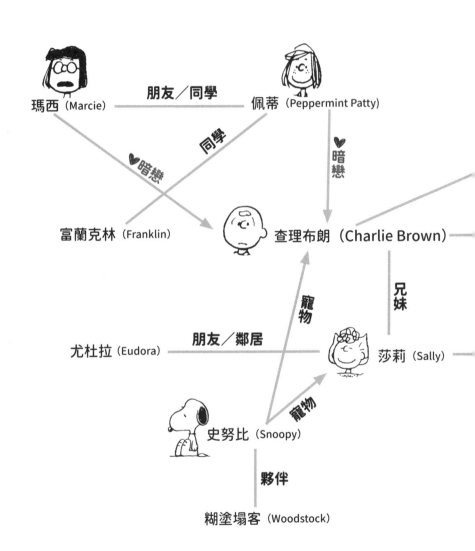

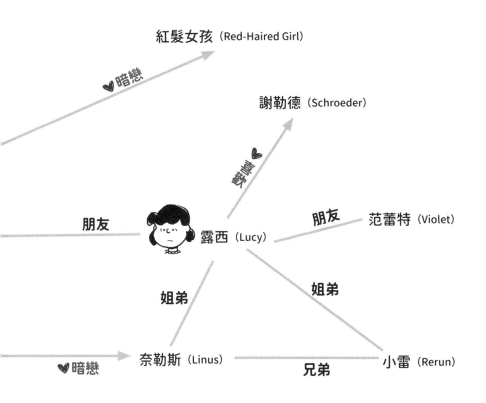

主要人物介紹

查理布朗（Charlie Brown）

個性溫和，時而樂觀時而悲觀。每每全力以赴，像是用盡全身力氣去踢橄欖球或打棒球，但結果往往不盡如意。總是把自己想得太過糟糕，但其實既單純又無害。

露西（Lucy）

查理布朗的朋友，把自己看作理所當然的成功者。對於任何失控的事都有一套合理的說詞，守備能力其實跟查理布朗的投球能力一樣糟糕。

佩蒂（Peppermint Patty）

查理布朗的朋友，喜歡運動，不愛做作業，上課常打瞌睡，所以功課不好。喜歡查理布朗，但也常把他視爲代罪羔羊。

瑪西（Marcie）

佩蒂的死黨，因為佩蒂曾經是她的夏令營領隊，
所以總稱佩蒂為小姐，喜歡查理布朗，也嘗試著
要讓他知道。

莎莉（Sally）

查理布朗的妹妹，十分仰慕奈勒斯，夢著將來成
為他的新娘，個性強勢有魄力，很討厭做功課與
夏令營。

史努比（Snoopy）

查理布朗的寵物，運動萬能，充滿自信，常有天
馬行空的幻想，一直記不住查理的名字，內心都
稱他為「光頭小子」。

為什麼要讀這本書？

蘇格拉底、亞里斯多德、佛洛伊德、榮格、舒茲……

舒茲？

沒錯，查爾斯・舒茲（Charles M. Schulz）。那個創造出查理布朗、露西、史努比，以及他們的好友，並讓《花生》連環漫畫聞名世界的人。

一個連環漫畫家，為什麼可以跟世界上最偉大的思想家、哲學家、心理學家相提並論呢？

因為他創造出了涵蓋思想、哲學、心理學的寶藏漫畫。如果說一幅畫等於一千字，那麼舒茲寫的東西已經比世上許多多產的作家們加起來還要多了。

在查爾斯・舒茲的作品中，我們有幸看到一位能洞察人心的藝術家，如何透過不可思議的能力，將最複雜的心理學觀念，濃縮進短短幾個漫畫格之中。查爾斯・舒茲筆下這些令人喜愛的角色不僅僅只是用來娛樂消遣而已，他們更描繪出了重要的心理學原則。但正是因為看似簡單，使得這些角色的影響力經

常被掩蓋了。

　　我第一次把舒茲的作品應用在精神科治療上，是在幫一位酗酒者做心理治療時。此前，我就曾在一些場合中見過這位患者。他是個非常聰明的人，卻常常拒絕接受我針對酒精成癮，向他提議的治療建議。每次見面，他總說自己沒有酗酒；即使無法否認就是酒精造成的問題讓他一再回到我的辦公室，他卻繼續堅持自己可以理性飲酒。每一次，這位患者都會想出一些新技巧，認為可以幫助自己抵抗酒精的誘惑。我則必須一再指出以前的嘗試最終如何失敗，並告訴他這些新發明的伎倆不會比以往好到哪裡去。

　　到了最後一次療程時，我突然有了靈感。之前我剛好想出一些透過改變部分生活模式來降低壓力的方法，其中之一就是在吃飯時看看與工作不相關的讀物。因此當時我在辦公室放了幾本大眾文學，以便於午餐時間閱讀。在這些書籍中，就有幾冊《花生》漫畫。

　　我還記得每一季的開頭，查理布朗都會在嘗試踢飛橄欖球時摔個四腳朝天。每年他都會合理解釋**今年**如何與以往不同，保證自己不會失腳。但每一年，同樣的事都會再次發生。查理布朗並沒有從過往的經驗中學習。

我把這個故事告訴病患，然後讓他讀了幾篇漫畫。他開懷大笑，接著令我感到訝異的是，他說：「對，這就是我。」

一年一次…一年就一次而已…

查理布朗～ ♪

查理布朗，我會抓著這顆球，然後你就跑過來踢它！

對啦！對啦！妳一定覺得我很笨！

拜託，查理布朗，我整年都在期待這個特殊時刻…

我猜如果有人很期待某件事情的話，破壞這件事是不好的。

今年我一定會顛覆以往的！

哎呦！

啪！

多令人沮喪啊！你為某個特殊時刻期待了一整年，然後只不過一個瞬間，就結束了！

真令人失望。

我受不了了！

查理布朗用我做不到的方式來接近這個患者。作為一位精神科醫師，我的形象是可怕且具威脅性的。病患面對我時，可能會認為被指控對於自己的酗酒問題不夠努力。但查理布朗既單純又無害，他每每全力以赴，而且總是用盡全身力氣地去踢那顆橄欖球。只是結果不盡人意而已。

　　舒茲不會解釋任何事情，僅僅是用他的方式呈現，讓你可以自行詮釋。而患者自己體悟出的見解，永遠會比精神科醫師給出的見解更加有效。

　　當我成為一間大型精神科醫院的醫師時，我在布告欄中留了一區名為「研究生教育」的欄位。在那裡，我會定期貼出幾篇舒茲的連環漫畫。

　　不過到了近期，我開始對人們如何理解和體會《花生》漫畫中透露出的訊息感到好奇。這些漫畫確實很有趣，但正因為如此，或許大多數人對它的印象**僅限於此**。因為《花生》漫畫總是出現在漫畫頁面，與其他同樣有趣但沒有任何意涵的漫畫放在一起；又或許這部漫畫本身就被持有它的公司判定為僅供消遣使用。總之，這讓我開始嘗試更加明確地去闡述那些我從查理布朗以及他的朋友們身上看見的重要含義。

　　我的解讀是對的嗎？這些解讀是舒茲在創造這些漫畫時心

中所想的嗎？我不知道，答案也不重要。世界上有這麼多文章在研究《哈姆雷特》裡的角色，難道當初莎士比亞就打定主意把這些後人的詮釋都融入角色之中了嗎？這再次證明，這個問題是不重要的。同樣一個角色所說的話，對不同人來說含義可能不盡相同，藝術家只不過是運用啟發他的直覺來創作罷了。

　　所以加入我吧，讓我們和查理布朗及他的夥伴們一起體驗各式各樣的人生經歷。誰知道呢？如果我們不只是單純地聆聽，而是主動去**看見**查爾斯・舒茲正在告訴我們些什麼，或許就能變得再快樂、再更有能力一點。

C.1 自我評估

啟程

你是否曾經好奇過，為什麼在往復數千年的歷史洪流中，人們花費許多心力在提升自我，但進展卻似乎極其微小？所有偉大的宗教教義、人文運動、哲學體系，都沒辦法抹除或減少殺戮、貪婪，和憎惡。至今，世界還沒有因此而變得更美好。

我的母親過去總是說，問題的根源來自我們每個人都只在乎**自己的**物質需求，而非**其他人**的精神需求。

每個人都有許多缺點，但我同樣也是「人」，因此最好的開始就是從改正自己的缺點做起。如果我們真的嘗試這麼做，很可能會發現這根本就像一份全職工作一樣，我們甚至不會有多餘的時間去找尋他人的缺點及錯誤。

　　我們可以讓世界變得更好，只是要把這份心力放在對的地方：我們自己。

撰寫清單！

　　撰寫自我評估清單，對於想提升自己的人來說，這是一項很棒的練習。我很驚訝有些人對於要審視自己的品格這件事情感到害怕。他們害怕自己發現過往做了多少錯事後，會因此而感到極度沮喪。

在你如實列出的那些寶貴經驗中，有多少是輕易就學到的呢？有句諺語說：「經驗是位嚴苛的老師，而愚蠢的人就只能用這種方式學習。」這句話是錯的。即使是睿智的人，也要從經驗中學習。真正愚蠢的，是那些**不會**從經驗中學習的人。

製作一張清單，上面列出所有你認為自己犯過的錯誤。既然你已經知道這些是錯的，就不會再重蹈覆轍，這些經驗也將

因此成為寶貴的一課。

為什麼要將這些可貴的學習經歷視為負債呢？打起精神來，你並不是那個愚蠢的人，而是一位能從錯誤中學習的智者。

你比自己所想的更好

許多人都沒有正確地看待自己。有些人的自我概念過度膨脹，認為自己就是神給予世界的禮物，所有人都應該認同並且重視他。有些人則把自己想得很卑微，沒有意識到自己擁有的技能跟才華。

對現實有正確的認知，才能良好地適應現實。無論是過於誇大還是過於貶低，這些看著自己時所產生的錯覺，會阻礙我們調整到最佳狀態。

奇怪的是，那些自認聰明的人有時候（但不是一定）會因為發生某事推翻了他們的優越感，而暫時被打回現實。但如果一個人深信自己低人一等，那即使有十足的證據證明並非如此，他也不會改變對自己的負面看法。

一位看輕自己的女性，會堅信自己之所以被選入斐陶斐榮譽學會完全是陰錯陽差。如果你有低估自己的傾向，請意識到：

你其實可能比自己所想的更好。

辨識你的才能

　　贏家有時也會輸，但贏家跟輸家其中一項不同之處，在於贏家會從失敗的經驗中學到自己不擅長什麼。他會辨明自己**確實擁有**的才能，以此取得成功。輸家則永遠不會學到教訓，而繼續一次又一次地重複先前的錯誤。

　　當你每一次投球都被擊出棒球場，是時候停止投球了。嘗試改當三壘手，或甚至改去場邊賣爆米花。

　　當現實試著要告訴你某些事情時，傾聽它！

別害怕做出改變

　　在前來治療的患者中，有一群人非得在承認療程迫使他們改變固有行爲後，才會開始進步。但接著，他們又會因爲害怕改變而停止接受治療。

不管你的問題是什麼，如果它正在折磨你，不要害怕做出改變。

當然，任何改變在一開始都可能會是不舒服的。

比起去經歷隨著改變而來的麻煩，我們可能寧願告訴自己

這些困難全都源於深層的情緒問題。我們說服自己沒有必要改變任何行爲模式，因爲改變沒辦法改善問題眞正的源頭：那些內心深處的情緒衝突。

在最後一格漫畫中，露西臉上的表情可以被視作一種勝利。透過把自己的悲慘歸咎給內心深處的問題，就可以躲掉改變生活方式時的不舒服。這樣想的人，通常就是那些從未完成心理治療的人。他們沒辦法承擔復原這件事，因爲放棄幫這些

深根的問題護航，意味著必須做出改變。然而，躲避改變正是這些人在第一時間先尋求心理治療的原因。

要解決某些特定問題，的確免不了心理治療，不過有時候最好的療法，就是正視並改變自己的行為，而非尋找問題背後的深層來源。

繼續過著長久以來習慣的生活是很舒適沒錯，但如果再多堅持一點，新的行為也將成為下一個舒適圈，成為生活的一部分，而屆時你將發現，自己已經於不知不覺中摒棄那些有害的行為了。

別害怕嘗試

當你嘗試某件事，有兩種可能性隨之浮現：成功，或失敗。雖然失敗永遠不討喜，但由於某些挫折還可以忍受，因此我們願意承擔失敗的風險。

有時候，即使幾乎確定會失敗，但只要還懷有一絲成功的希望，我們就會冒這個險。

　　拒絕嘗試，源自於對成功的可能性不抱持任何希望。或著，即使有機會獲得成功，但覺得失敗的感受太過強烈，因此無法承擔失敗的可能。當這兩種感覺同時存在時，要嘗試幾乎是不可能的。

　　拒絕嘗試並不只是讓你失去成功的機會而已，它還會使你感到沮喪消極，並影響你的能力。

C.2 面對現實

什麼是現實？

你曾經看過小嬰兒為了躲你，而用手遮住自己的眼睛嗎？嬰兒們認為當他看不見你時，你也看不見他。然而就像其他未成熟的想法一樣，這種思考方式有時會跟隨著我們一同進入成人生活。有些人會認為，只要他們對某事視而不見，事情就不會存在。

別用忽略現實來為自己製造幸福的假象。如果你接受世界現有的樣子，那你可以選擇改變或適應它。但如果你對現實毫無覺知，這兩個選項都將不存在。

別倒退

　　我們都曾有過待在母親子宮裡，完全被保護、遠離外界刺激的時期。而在離開子宮的瞬間，我們就開始暴露在所有經驗之中，有些令人愉悅，有些則不怎麼開心。

　　即便對於這個時期沒有任何外顯記憶，我們似乎仍舊能感受到它存在於內心的某處，因為每當不愉快的情況發生，我們總是傾向窩在床上，用被子罩住自己的頭，如同胎兒一般，在被窩裡蜷縮成一團。

佩蒂小姐，學校怎麼辦呢？
妳不打算起床嗎？

我很害怕，瑪西…
妳看看窗外，
看到他們了嗎？

看到什
麼，佩蒂
小姐？

「不及格」！瑪西，
他們正在那裡
等著我！

我知道只要一踏出門，
「不及格」的分數
就會立刻纏上我！

退回如同胎兒縮成一團的時期，有個根本性的壞處：在現實世界裡，我們早已沒有提供我們養分，供我們生存與成長的臍帶。有時候，我們身邊的人會表現得像是代理母親一樣，處處照顧著我們的需求，允許我們繼續從現實中逃離。但你不能指望這可以持續一輩子。

逃避現實不會有用的。

停止你的自憐派對

大多數人都還記得童年時期如何自憐。瘀青的額頭或擦傷的膝蓋可能就能換來父母無微不至的照顧以及關注。我們感受到疼痛，其他人就前來照顧我們。

這個資訊被儲存在我們的腦海中，在大腦這部個人電腦裡的記憶體裡保存了數年到數十年。然而這部電腦運作的方式，可能會使自憐與被他人照顧的滿足感連結在一起，使我們耽溺在自憐的情感中。有些人甚至不惜刻意遭逢痛苦，好讓他們有理由可以拿來同情自己。

　　耽溺於自憐自艾的情緒裡，是種幼稚的行為。這種行為在小孩身上發生是正常的，但作為一個成熟的大人，應該努力改正出錯的地方，而不是在悲慘裡打滾，同情自己受到這些折磨。

　　當然，能否糾正行為取決於有沒有自信擺脫困難。如果你缺乏對自己的信心，可能只會選擇待在原地同情自己。此時若有一位朋友或親戚能把你帶離悲慘的低谷，那麼你很幸運。但

你無法總是依賴別人，所以比較好的做法，還是嘗試自己離開。

別試圖用假象來驚豔他人

　　當人們被低估，他們可能會認為自己醜陋且不受歡迎。為此，他們可能會訴諸極端的方法來讓別人覺得自己很重要，希望獲得關注甚至喜愛。

　　這些人沒有意識到的是，他們的努力不僅僅無效，還會造成反效果。由於沒有意識到自己擁有令人讚賞、受到他人喜愛的特質，這些人展現出的態度反而會使人生厭。此外，他們還可能開始相信自己創造出的想像，並逐漸脫離現實。

別離開現實與他人，躲入虛幻的世界裡。

適應當下

　　為什麼有些人總是活在過去？又為什麼有些人總是幻想著未來？這樣的行為根源其實相同。不管哪一種，它都讓你不用面對當下。

我們很容易接受**未來**。你可以盡情地幻想，不受現實阻礙。在幻想中，你**可以**贏得數百萬元的樂透，畢竟總得有人贏得這筆錢。白馬王子或傾城美女**可能**會與你瘋狂地墜入愛河，畢竟再奇怪的事都發生過。

要活在**過去**則困難一點，因爲它可能需要透過扭曲一些過往發生的事來達成。但歷史學家都已經重寫歷史，所以有必要時，你也有辦法用不準確的眼光來看待過去。只有倔強的**當下**拒絕向你妥協。

在漫畫裡，瑪西愛著查理布朗，她也時時刻刻嘗試著要讓他知道。但即使有這麼多優點，瑪西仍然比不上紅髮女孩。紅髮女孩是查理布朗幻想中最崇高且無法獲得的愛。瑪西則代表查理布朗的現實，是當下眼前所見的眞相。

有些人無法接受當下的存在。當下對他們來說太不完美了，所以他們除了等待幻想中的美好未來外，不會採取任何行動。

把自己的眼光放高這件事沒有任何不妥，但你一生只有一次可活。如果你不接受現實，只有幻想會支撐你。長期看來，你所獲得的滿足感就跟甜甜圈中間的那個空洞一樣多。

別迷失在空泛之中

哲學可以在教室裡教，也可以作為學術討論的主題。但當人們要使用哲學概念來應對日常生活時，就得注意了。在我的

經驗裡，哲學常常被用來作為逃避現實的工具。

　　有些人可以用崇高的概念及原則有效欺騙自己，即便在真實生活中，他們沒有展現出任何實踐這些原則的跡象。

　　如果你認為仁慈是對的，那麼就做些行善之事。如果你支持平權，就對每個人都公平以待。如果你確信該愛身邊的人，讓我看見你是如何表現出這份愛的。

如果你想欺騙我，沒問題。我想我至少擁有不讓自己被愚弄的本事。但如果你傻傻地嘗試自欺欺人，那麼最終也可能傻到被自己欺騙。

讓你的期待成為現實

有些人在生活中遭遇挫折，有些人則抱怨他們的人生就是個大失敗。在後面的一些例子中，我們的分析將會揭露，這些人其實只是經歷著一般的情況。他們比起一般人，並沒有經歷更多失去，而且也在生命中收穫過不少開心的事。

問題在於，有些人對生活應該長成什麼樣子，抱持著特定的想像。假使他們認為現實不符合內心幻想，就會覺得受到欺騙。他們很少對任何事情感到滿足：家庭、工作、婚姻、假期、汽車、小孩……沒有任何事能切合他們心中不切實際的期待。

　　除非你屬於少數不幸運的族群，總是被接連不斷的悲慘事件所害，但你在生命中應該也多少遇過一些好事。你的收支平衡表，也就是記錄著好事與壞事的那張單子，其實長得與其他大多數人的一樣，沒什麼不同。

　　如果你覺得自己不曾開心過。很可能這份開心並沒有被剝奪，只是由於某些原因，使得別人可以爲一些事開心，而你面

對同樣的事情卻無法感受到快樂而已。

　　別只因為自己對生活的想像無法被實現，就把生命都花在體驗悲慘上。去諮詢吧，而且要是有用的諮詢，讓你的期待得以平衡。

C.3 自尊

自尊難題

開始執業不久後，我發現除了大腦生病的病人以外，大多數人的情緒問題，其實大多來自過度自卑。

要良好地適應現實生活，必須先對現實有正確的認識。如果一個人眼中的世界，與世界真正的樣貌不同，那麼就很難適應得好。要是一個人眼中的自己永遠比真正的自己渺小，他也會遇到適應上的困難。因為到頭來，我們都只活在自己所認為的現實之中。

資質平庸的人要適應現實世界似乎較不困難，他們有機會找到一個既適合自己，又可以活得自在的位置。只有當我們低估自己、漠視所擁有的能力與長處時，才會誤解真實的狀況，導致各種性格上的問題。

貶低自我的現象普遍到我們或多或少都曾體會過這種感覺。這或許是為什麼在漫畫裡，每當查理布朗把自己視為一個失敗者時，我們總能理解他。

但是，查理布朗真的是一個失敗者嗎？

如果一個漫畫中的角色因為心理或精神上的缺陷而無法正常運作，是可以被我們接納的嗎？他能帶來娛樂效果嗎？你是

否會因爲他的笨手笨腳而發笑呢？

查理布朗絕對不是一個有缺陷的**人**，但他代表著有缺陷的**人格**。他眼中的自己是不夠格的，這連帶使得他表現差勁，也使大家認爲他就是個表現差勁的人。查理布朗的性格告訴我們，一個負面看待自己的人是如何落入惡性循環，而因此在最終**變成**他所想的那個樣子。

我們因查理布朗而開心，是因爲在某種程度上，他就是我們。我們之所以笑他，是因爲他讓我們想起自己。但由於他存在於漫畫裡，這些與我們相似的特質被誇大描繪，使我們足以把自己從中抽離，保持著距離看待這些人物，而不會感到被威脅或冒犯。

同樣的漫畫技巧，使我們能笑著看露西。露西也是一部分的我們：那個什麼都知道，且不會犯錯的我們。露西對於任何失控的事，都有一套合理的說詞。當查理布朗將自己視爲徹頭徹尾的失敗者時，露西則把自己看作理所當然的成功家。

在球場上，露西的守備能力跟查理布朗的投球能力其實一樣糟糕。但每當露西漏接球時，總是能找到理由開脫，還可以順便罵罵可憐的查理布朗。查理布朗把自己想得太過糟糕，露西卻把自己想得過度美好。如果我們深入檢視這些特質以及它

們對人的影響，或許就能在生命中躲過某些相同的陷阱。

　　通常，自尊低落的人會按照自己所相信的，把偶犯的錯誤解讀成一個不夠好、沒有價值、不受喜愛的人。

試想你走進一個房間時，有另一個人正準備離開。你的到來與他的離去是完全不相干的兩件事。

　　但如果你剛好是個相當自卑的人，你可能會想：「他是因爲看到我走過來才離開的。就像其他所有人一樣，他不喜歡我。」

　　當壞事發生時，一般人會感到惋惜，但也僅此而已。然而，如果常常貶低自己，你很容易認爲任何事情的發生，都在暗示自己的無能。

　如果你真的覺得自己毫無價值，不僅沒有能力面對這個世界，甚至會覺得連自己都無法忍受自己的無能。

　大多數人可以直面成功跟失敗，但對自己抱持負面想法的人會聚焦在失敗上，而且不單單是那些已經發生的，還包含所有可能在未來出現的挫敗。

　　自尊心低落的人可能會完全忽略他們所擁有的成就。事實上，他們會認為自己唯一可以做到最接近成功的事，就只是比較不嚴重的失敗而已。

　　有些人會在生活裡做出一些極端改變，試圖透過這樣的方
式來躲過因為自卑而引起的憂鬱。他們可能會換工作、結婚、
離婚，或是搬到其他地方。但是，如果沒有先戰勝心裡那個扭
曲的自我，即使外在情況改變了，他們很可能還是會跟過去一
樣陷入憂鬱。

當事情發生，並讓你覺得自己很糟糕時，請先停下來想一想，這些事情真的代表我是怎樣的人嗎？如果你用更加客觀的態度看待事物，會發現很多事根本不能拿來當作評斷你的標準。一直以來，你允許這些負面的感受影響自己。現在是時候拿掉這副有色眼鏡，讓真正的世界在眼前閃耀了！

相對於查理布朗這個角色代表的低自尊心，舒茲創造出露西這個同樣顯眼的人格。擁有這種性格的人經常自以為是，把自己當作所有事情的最終裁決者。

他們似乎對自己的錯誤毫不介意，甚至擁有把自身錯誤作為一項優點看待的能力。

　真相是，這些人外在表現得好像自己是神賜予全人類的禮物，其實內心也深感自卑。他們把優越感當作保護殼，以此來對抗自卑的感覺。

　但這不代表這些人只是裝出高高在上的樣子，私底下則認為自己比他人差。他們不是在演戲，而是真心相信自己高人一等。雖然事實上大概沒有他們自己想像得那麼厲害，但這群人

也可能是卓越的人才。

　　即便如此，堅信自己比較優越這件事本身，已經反映了他們潛藏在內心深處的無能感。對這類人來說，他們需要時不時地批評與貶低身邊的人，來幫助自己維繫自尊。

今天真不錯…
我到現在都還沒做出
任何蠢事。

那你有做出任何
聰明的舉動嗎？

這聽起來可能有點奇怪，但你不妨這樣看。

那些內在感到滿足且快樂的人，不會有對其他人發號施令或批評他人的需求。對自己感到全然滿足的人，可以接受批評指教，也有能力針對這些問題進行討論。然而，那些藉由表現得高人一等來掩飾內心自卑的人，是經不起被批評的。他們選擇得罪他人、批評他人，而不是去面對問題。

　有時候，一個充滿自信且果敢的人也可能遇到令人措手不及的情況，因而面臨內心潛藏的不安全感以及不被愛的恐懼。此時，這個人可能就會像查理布朗一樣，因為對於被愛這件事感到太過絕望，連擺在眼前的愛都無法接受。

　　就像查理布朗無法接受任何對自己的正面評價一樣，露西
這類型的人雖然經常沉淪在對自己的讚賞中，也可能不相信那
些對自己的讚美之詞。

在上述兩種自尊低落的人格裡，查理布朗類型相較於露西類型，通常來得更加討喜。

我剛剛出了個大糗…
佩蒂小姐，我告訴小查
我喜歡他，而且還親了
他的臉頰一下！

這都是他的錯，
佩蒂小姐！他們把他的
棒球場拿走，他卻沒有
任何反應！

他沒有反擊，他唯一做的
就是在階梯上彈彈
高爾夫球而已！

他讓我氣到跟他告白了！

當然，因為他人的憐憫而獲得愛慕不是件理想的事，但這還是比因為咄咄逼人而獲得的結果好。

如果某天你送我一支玫瑰花，我想這會非常浪漫。

或是康乃馨⋯或者甚至是一朵凋零的蒲公英⋯

那一束野草呢？

我接受！

透過讓我們了解自己的價值，好朋友可以幫助我們克服自卑的感受。問題在於如何學著分辨真朋友的肺腑之言，以及一般人隨口給出的評論。透過社交取得的資訊不一定可信。在我們的文化中，禮貌是很重要的，所以會認為應該對他人說出他們想聽的事，不論真假。

因此，當人們稱讚你時，問問自己，他們究竟是真心的，還是只是在客套呢？

聽好了，如果有個**不喜歡**你的人說了你的好話，那**這些話**是可信的，這種類型的稱讚也會讓你感到開心。

三振出局！

露西，那顆球確定是好球嗎？
妳怎麼不抗議？

高興？

因為我
太高興了。

他們說我的好球帶
長得很可愛！

C.4 愛與友誼

你知道愛是什麼嗎？

　　愛與激情是相同的嗎？如果我們把愛定義為對另一個人的真誠關心，激情則是我們想獲得滿足的渴望，那這兩者顯然不同。

　　真正的愛是朝著另一半的。如果有需要，我們會犧牲自己的舒適，來讓另一個人感到更加開心。

　　但激情只是一種自我滿足，所以如果你感受到的是激情，別期待收到愛作為回報。

親愛的，
我每日每夜都想著你。

你對我來說，
比世上任何事情都還來得
更加珍貴。

　你愛著某個人嗎？你是否曾經告訴他或她，你的感受有多麼強烈呢？你曾經因為得不到相對應的回報而感到沮喪嗎？

　在你對對方的感覺中，有多少是真正的愛，又有多少出自你對他人的渴求，希望對方來滿足自己呢？需要他人是正常的，會感受到激情也是。只要別把這兩種感覺與愛搞混就好。

解決寂寞的感覺

　寂寞是人們最不喜歡的感受之一。

　有時候，在事情脫離控制時，我們會有孤單的感覺：朋友搬到其他城市去，認識的人過世，以及可能會限制我們行動

的那些健康問題。但即使在這些可能帶來寂寞感受的事情發生時，我們還是可以選擇不順從孤獨。

認識新朋友或許不容易，我們經常會覺得其他人是小團體裡的一分子，而我們則是不受歡迎的不速之客。

有時候則是自尊心在作祟，覺得如果其他人真心想和我們當朋友，就會主動接近。而如果他們不這麼做，那就保持孤身

一人。

在生命的某些階段，友誼可能輕易到來並自然地發展開來。但在其他時候，它可能需要努力澆灌，過程中也可能充滿一些令人失望的事情。

但除非你願意一路與寂寞帶來的痛苦為伴，不然最好開始積極行動。

讓自己被人看見

有個年輕女性來找我諮詢，原因是她覺得「生命一直從她身邊消逝」。她想要找到男性朋友，但似乎沒有人對她感興趣。

這個女生很有魅力，個性也很好。

那麼，為什麼她會感到被孤立呢？

　　詢問其他人才發現，是她讓自己變得難以親近。她的辦公室座落在公司一個遙遠的角落，在一條走道的盡頭：一個幾乎沒有人會經過的地方。她每天都獨自在辦公室裡吃著自己帶來的午餐，而不是去大樓裡的自助餐廳與同事用餐聊天。使她與世隔絕的最佳手法則是她從未公開的電話號碼！即使如此，她卻不曾發現是自己親手製造了寂寞。

　　這位年輕美麗的女性相信沒有人會被她吸引。她害怕若是讓自己被人看見後，卻沒有人對她表示任何興趣，這樣的真相

會令她崩潰。因此，為了避免最大的恐懼成真，她讓自己保持在不可能被他人明顯或悄然拒絕的境況中。

悲劇顯然是，如果當初她不選擇退離人群，就會發現自己受人喜愛，也有機會獲得一直以來渴望的友誼。

有時候，你可能因為太喜歡某個人而無法想像為什麼對方要拒絕你。但即便是最出色的人，也不過是個人。意識到他們是人而不是神，就容易親近多了。

只幻想著能擁有這種邂逅是沒有好處的。

自己主動靠近，別找其他人當仲介者。

別加速拒絕的發生

人類是喜愛社交的生物，我們真的不喜歡獨處。那麼那些孤僻的人呢？他們會毫不猶豫地告訴你，比起陪伴，他們更喜歡獨處。

事實上，很多孤僻的人都渴望友誼，只是他們覺得自己不受人喜愛。他們認為如果自己向外尋求陪伴，一定會被拒絕，因此逃避建立關係。當他們踏入一段感情時，會因為太過確定自己將被拒絕，而率先創造出能加速拒絕發生的情境。因為預期著隨時可能被拒絕的折磨，比拒絕本身更令人難受。

不會每個人都喜歡你，但除非你認為自己極度不討喜，不然大約百分之五十的人是會喜歡你的。全世界有三十億人口，所以其中十五億人都可能成為你的朋友，那已經很足夠了。

但如果你把自己想得很糟糕，那麼你可能會認為在這三十億人中，連一個喜歡你的人都沒有。如果有些人看起來確實頗喜歡你，你也會試著說服自己，只要他們一發現關於你的「真相」，對你的感受就會改變，所以何必接受這種擔心何時會被拒絕的糟糕感覺呢？激怒他人然後接受結果顯然

容易多了。

　　你總是試圖製造這種情況嗎？何不考慮一下你真的討人喜歡的可能性呢？

做你自己就好

　　有些人試著證明自己的重要性，讓他人刮目相看。他們可能會對事物抱持冷漠，期待他人認為能與自己共處一室就是明顯的特殊待遇，要是有幸被自己認可，更是一種無上的榮耀。基本上，這些人被視作「妄自尊大的人」，也沒什麼人會想要尋求他們的陪伴。

上個月某天，
我想跟她分享糖果，
結果她直接走掉…

我記不住名字，
但我絕不會忘記這件事！

　　有些人會想透過友善來讓你印象深刻。某方面來說，他們是在告訴你，你有多麼幸運才讓他們認爲你值得成爲朋友。這種高人一等的態度會穿透友誼的表象。最終，這樣的人也會被其他人迴避。做你自己就好，比起假扮成別的樣子，人們絕對更容易因爲你的本質而喜歡你。

何必預設會出事

　　出於眞正愛意而發展出一段親密關係的人，有時會害怕兩人的個性不合終將在某天發生，因而導致這段關係終結。如果總是依循這個模式，很可能親手剝奪自己的快樂，招致孤單寂

寞的結局。

　　每一段親密關係都有可能遇到問題，但只要存有眞誠且相互的體貼關心，通常都能克服。

　　別預設事情會出問題。如果總是這樣，那麼在一切開始之前，你就已經快被三振出局了。

　　相信一段關係不可能遇上任何困難的確太過天眞，但當問

題發生時，一定會有足夠的時間去處理。如果你總是預設事情會出問題，那你可能會真的創造出問題來。

接受無法改變的事

我親眼見過許多關係走到無可挽回的地步。此時，經常會有其中一人拒絕接受這個結果。不管是戀人或是夫妻，突然被拋棄的一方可能會堅持挽回另一人，並持續強調愛及無條件付出。

顯然並不是愛與無條件付出讓他們拒絕放棄這段關係，是因為無法接受被拒絕。自尊心低的人尤其無法接受被拒絕的現實，因而採取激烈的方法試圖維持這段關係。

定義一下「永遠不會」。

多數愛情最終都不是開心的結局，但在一段時間的悲傷後，人生還是會繼續前進，也會有新的感情萌芽。

執著於一段顯然已經結束的感情是無用且痛苦的。它會推遲我們經歷悲傷的過程，和展開新生活的可能性。沒有人會否認被拒絕的強烈痛苦，但如果你接受最終的結果，那麼這份痛苦最終也會消失，嶄新且令人愉悅的感情才可能再次發生。

與贏家為伍

認為自己有所不足的人可能會與明顯比自己差的人交朋友，試圖透過這樣來建立自尊心。光是要與自己同等的人交流對他們來說都已經不太舒服了，與比自己還厲害優秀的人來往

更讓他們感覺充滿威脅。

透過與輸家結盟，他們可以把自己視為贏家。

了解這種適應機制是必要的，因為這件事往往出自錯誤的自我評估。更重要的是，當一個人與比自己差的人為伍，就不可能因為受到任何刺激而成長與進步。在運動的領域中，這是眾所皆知的：如果你和一個比自己優秀的對手比賽，比賽技巧將隨之提升。

如果你發現你正走向與不如自己的人交往的路，退一步並重新考慮。知道自己不會被挑戰時，你會覺得比較舒服且有安全感，但如果你無法承受這份「成長痛」帶來的不舒適，就無法有所成長。

　　人們很容易被身邊的人的水準影響。看看自己，如果你不想變得與身邊的人相像，爲何不與那些你希望成爲的人相處呢？

C.5 情緒

了解自己的感受

　　想像你在戲院裡，某個人經過你的座位時狠狠踩了你的腳趾，你有以下幾種選擇。

　　你可以說：「請注意看路。」或是：「混蛋！你在搞什麼？」或著你可以一邊咒罵一邊撞回去……你可以選擇如何回應，但無法決定自己會不會感受到腳上傳來的疼痛。

　　感受是無法控制的。但如果你知道自己現在的感受為何，就得以選擇回應的方式。

　　不管出於什麼原因，如果你沒有察覺自己的感受。或著，用精神科醫師的話來說，這些感受出於潛意識，是你無法控制的，但卻可以對你造成不同程度的傷害。

　　感到嫉妒是可以的嗎？這樣說好了，我們不應該因為嫉妒而到處散發敵意，但也不應該自己懷著這份情緒。

　　有些方式可以讓我們透過思考判斷，離開嫉妒。但為了讓自己脫離，你必須先意識到自己正在嫉妒。如果你否認自己感到嫉妒，那麼是無法處理這份感受的。

　　別否認你真正的感受跟情緒。相反地，學習去控制他們。

如何處理被壓抑的情緒？

　　佛洛伊德做了許多重要的心理學觀察。其中之一是當感受被壓抑時，意味著這份感受因為無法被接受，而被趕出意識之外，深埋在某處，並可能持續對我們的情緒跟行為產生影響。

解決的方法就是試著關注自己的任何感受，這樣才能適當地處理它們，這是當我們把感受深埋在意識外時所做不到的。但這與認為一個人可以完全自由且不受控地表達自己的感受完全不同。

你可以不被壓抑的情緒限制。重點是知道現在的感受為何，並成為自己的主人，而非衝動的奴隸。

誠實對待自己

欺騙是不道德的，你有機會逃得過被人欺騙，卻很少逃過被自己矇騙。如果成功矇騙自己，會有什麼後果呢？你將成為自己陰謀下的受害者。

我們有足夠的智慧來處理失敗或被拒絕，但如果不先承認自己有了受傷的感覺，永遠無法採取下一步。

如果你感到受傷，就別假裝自己是冷酷且不在乎的。你可能會因為長久以來裝作漠不關心，不僅發展出冷酷堅硬的外

在，還一併扼殺了許多情緒，這並不會讓你變成一個比較有趣的人。

別矇騙自己。你有辦法面對自己的情緒，只要你先承認它們的存在。

所謂的「權宜之計」並非正解

當你因為疼痛去看醫生，這個醫生可以診斷出疼痛的來源，並制定合適的療程來治好問題，那麼在移除疼痛根源的治療過程中，給你止痛劑暫時舒緩是恰當的。

但如果醫生無法找到疼痛的原因，無法根除病源，那麼開止痛劑給病人就會變得危險。假如疼痛持續，你可能會對止痛劑上癮，因此必須處理**兩個**問題：藥物成癮，以及因為身體出現抗藥性而無法緩解的疼痛。

「只要現在感到快樂就好，不用擔心未來。」這種態度是愚蠢的。

但記住，
總有一天光靠一塊餅乾
是無法解決所有問題的。

到那天再說！

　　餅乾、藥丸、酒精，全都是一樣的。人們太急於擺脫眼前的悲慘，所以不管是生理或是心理上的痛苦，許多人會爲了在當下獲得解脫而不考量未來。

　　得要懂得，不該爲了一時的解脫，讓這件事變成永久的痛苦。

好好哭一場沒有任何錯

　　太多人服用鎮定藥物了。很多時候，不是眞的受困於精神

疾病的人也開始使用這些東西，以便逃避現實問題。有時候，則是因為身旁的人看不過去他們陷入情緒性焦慮，而給予這類型藥物。

當面臨失去親友的重大悲劇時，周遭朋友或親戚可能會建議當事人使用鎮定劑或安定劑，太多時候，醫生也會遵從要求開藥。

哀悼是痛苦的，但當它被允許時，才能有健康的抒發管道。

鎮定劑這類藥物應該保留給真正生病的人。並非所有哭泣都來自憂鬱，哭泣可以是一種健康的情緒宣洩管道，不應該被壓抑。

如果你見到某個正在哀悼的人，可以表達出陪伴的意願。有時候，失去摯愛的人會想談談這件事，並好好哭出來。有時候，他們就只是需要某個人握著他們的手，讓他們知道自己並非孤單一人。

如果你希望付出什麼來幫助這些悲傷的人，別給他們那些從藥局買來的東西。給出你的支持、你的陪伴，以及聆聽的意願。

C.6 擔憂

別無故擔憂

回想一下，你是否曾經擔心某件事，但後來卻發現自己的擔心沒有必要，原本害怕的事情最終根本沒發生？

如果擔心不會帶來壞處，那麼它不會是太大的問題。但擔憂確實可能造成不利的影響。如果你常常過度擔憂，很可能總是覺得筋疲力盡。

用正面的方式思考，把擔憂留到可以成就某些事情的時刻再用。

把精力花在可以改變的事情上

　　生命中總是會有令人提心吊膽的情況發生，而這些情況往往導致許多焦慮。如果你無法控制任何接下來要發生的事，那麼最好做出適應突如其來之事的打算。過度焦慮可能導致潰瘍，並且無法改變任何注定要發生的事。有許多事物值得我們花時間規畫，擔憂那些無法改變的事，只是在破壞並浪費寶貴的精力而已。

不管你有沒有收到情人節卡片，有沒有被加薪，或有沒有在考試獲得好成績……這些事情全都不是你能控制的。也就是說，你的確有機會獲得這些東西，但如果你已經把所有能做的都做了，那麼擔憂是沒有任何用處的。

　　如果你真的很想要那份獎賞，應該在還能為它做些什麼的時候擔心。時候過了，擔憂只會帶來悲傷。

　　如果你這次並沒有獲得自己期望的結果，振作起來。還有下一次機會在後頭等著。

你可以保持警覺

　　前面強調了要避免無謂的擔憂，但我們同時也必須意識到，有一種擔憂是有益的。

　　現實世界存在各式各樣的問題，有些企業的確最終面臨破產，某些食物可能含有有害的添加物，而路上**總是有**醉醺醺的駕駛。

　　擔憂並非是一種「全有或全無」的現象。

擔心只是浪費時間！

心理諮商 15元
擔心未來沒有用，查理布朗。
醫生 候診 中

你不應該擔心明年，或是下個月、下個禮拜，甚至是明天的事。
醫生 候診 中

你更不應該擔心以前的事情，過去都過去了…
醫生 候診 中

如果你有任何要擔心的，應該是此時此刻。
醫生 候診 中

此時此刻？
為什麼？

砰！
9-25

我剛剛看到那顆球朝這裡飛來，你看現在…
醫生 候診 中
SCHULZ

「合理」這個概念爲什麼如此難定義呢？總是在擔心的人認爲他們的擔心很合理，魯莽的人也覺得他們做出的決定不輕率。

　　但如果你試著理性看待，它還是有機會占上風。你不需要整夜不睡，擔心美國通用汽車公司會不會倒閉、你吃的熱狗會不會導致癌症，或你會不會在早上上班的路上突然被車撞。

　　只要使用常識，適時注意就好。

C.7 內疚

別被內疚感支配

　　沒有任何東西跟內疚一樣善於驅動人心。沒能做到某件事，就會被自己的良心譴責，這種想法是很難消除的。

　　有些人擅長透過內疚來操控他人，至今，父母仍然是最擅於使用這種技巧的一群人。

　　屈服於愧疚就像是收到勒索信就付錢一樣，這些要求將會永無止盡。內疚感甚至可以凌駕於你所做過最重要的承諾，或是必須承擔的責任之上。

被內疚或罪惡感主宰是不明智的，使用愧疚來操控他人更是如此，甚至殘酷。

你可能可以透過激起別人的愧疚感來達成自己的目的。但這件事將會被懷著怨恨完成，並且會消磨那個人對你的喜愛。

要爲他人完成事情，背後可以有很多合理的原因，而內疚不會是其中之一。因此，關於把內疚當動力這回事，別做給予者，也別當接受的人。不管成爲哪一方，你都會是遭殃的人。

你可以感到抱歉，但別太過意不去

會對曾經疏忽的事情感到後悔，是一件值得稱讚的事。但這個令人讚賞的特質也有可能因爲太過極端導致反效果。有時，我們會因爲內疚感過度強烈而感到麻木，一心只想著：「有什麼用？反正我沒辦法做好任何事。」

於是，與其進一步修正錯誤，我們反而選擇不做任何事情。

　　如果你做錯了某件事，的確應該為此感到抱歉：主動去道歉，如果需要做出任何補償，就採取行動。

　　想想有沒有你能力可及，又可以避免重複犯錯的事可做，

然後就讓生活繼續前進。既然我們大多數人都從錯誤中學習，就把這件事當成是一次寶貴的學習經驗。

如果你被內疚或罪惡感壓得喘不過氣，你將無法前進。

從失敗中學習，然後忘掉它

有些人說我們唯一從歷史中學到的事，就是人們看起來從未從歷史中學到任何教訓。

我們都會不幸犯錯，這是無法避免的事實，但可以避免犯下兩次同樣的錯誤。而如果有人早在你之前犯過這個錯，那真幸運！因為你可以從別人的錯誤之中學習。

然而除了從過往的錯誤中學習外，沒有任何原因值得你繼續想著那些錯誤。

　人們持續想著過去的其中一個原因，是因為這讓他們不必面對現在。對某些人來說，面對當下太困難了，他們願意做任何事來逃避。

　既然如此，有沒有什麼替代選擇？假設你做著有關未來的白日夢，可能會被指責得過且過、懶惰、無用。但如果你持續想著過往的錯誤，在他人眼裡看起來好像比較能接受。事實上，

你可能還找得到願意聆聽的人。有些人沒事情做，就喜歡聽別人的不幸。

　　但沉思過往並不會讓你前進。所以從過往中記取教訓，然後就把它拋下吧。記得，你已經沒辦法再做什麼去改變它了，但你可以透過從中獲得的教訓來改善你的未來。

你不需要成為犧牲者

　　「犧牲」並不是種罕見的心理狀態。感到被剝奪的人，通常不會檢視自己是否做了或沒有做到哪些事情才導致失去，而會沉淪於悲慘及自憐中。這樣做顯然無法前進，因為這些人並沒有採取必要的行動來獲取想要的事物。他們太過於沉溺在為自己悲痛的感覺之中。

　　在像是有酗酒者存在的這種家庭裡，由於家庭喪失了部分功能，使得犧牲這件事變得常見，可能不只一位家庭成員對自己的遭遇感到自憐自艾。成為犧牲者所帶來的成全感，讓他們能繼續承受這些惡意行為，持續為這樣的剝奪受苦。

　　別成為犧牲者，你不必為此受苦。

你不用為每件事情負責

　　究竟是什麼讓我們渴望內疚感？

　　一位瘋狂且殘忍的謀殺者，在受害者家中牆壁草草寫下這句話：「拜託阻止我！」社會卻必須為他的罪行承擔後果。犯罪者殺害、重傷、掠奪他人，但我們仍然會為這些活在不公

義社會下的人感到惋惜。如果我們當初給過他們一個更好的機會，或許有可能成為美德的典範。

人們必須為自己的行為負責。

　　一個人的人格形塑受到許多因素影響。人的出生各有境遇，但如何運用生命中的重要因素就取決於自己了。

　　你該為自己做的事情負責，但無須為他人的行為承擔罪惡感。

心理學中的「神奇思維」

　　有些人會被內疚的感覺折磨，因爲他們認爲自己希望他人成爲惡人的這個想法，會眞的傷害到別人。

　　這種信念最早從嬰兒期開始形成。感到飢餓想吃東西的小嬰兒，常常在哭鬧前就會被餵食。於是小嬰兒開始發展出一種想法，認爲是自己的願望控制了母親。這種念頭會從「當我希望母親餵我時，她就會照做」躍升成爲「當我想要某些事發生時，它們就會發生」。

　　在某些人身上，這樣的想法會一直持續到長大成人，並且可能因此帶來自責的感受。

單純反轉邏輯可能還不夠。我們必須從過往經驗意識到，願望並不會讓事情真的發生。如果它們真的發生了，那世界上超過一半的人可能都已經因此死亡了。

當罪惡或內疚感是在犯下不恰當的行為後產生時，我們應該對受到冒犯的人做出補償，並確保以後不會做出相同的行為。但如果你是因為內心出現不好的念頭等原因感到愧疚，那麼這種沒有合理原因而產生的自責感不僅會持續糾纏著你，還可能影響到日常生活。

別讓不必要的愧疚感成為負擔。

罪惡糖霜

人們為什麼會這麼做實在難以解釋。

你為自己賺得某樣東西,或某個人對你說他要招待你:可能是一頓好吃的飯、一場假期、一棟新房子,或任何東西。

正當你準備好要享受時,有人提醒你:比起那些在衣索比亞成天挨餓的人,住在阿帕拉契骯髒地區的窮人,或是在巴基斯坦沒有屋頂,卻得面臨雨季豪雨的難民,你實在好命許多。

於是,原先有可能享受到的一切快樂,都已離你遠去。

你當然不應該挑起他人的內疚感,並破壞他們的享受。而你可以做些什麼來防止他人挑起你心中的負罪感呢?

我的女兒讓我直面了這個問題。有一次,我們告訴她必須把盤子裡的食物吃完,因為「那些在非洲的可憐孩童沒有任何東西可以吃。」

她聽到後抬起頭說:「如果我把盤子裡的東西都吃完了,難道那些在非洲的小孩就不會再挨餓了嗎?」

只需要一點簡單的邏輯,就能讓事情真相變得透澈。如果你能為不幸的人做出貢獻,當然可以付出行動。但讓自己變得悲慘,並不會為他人增加任何一丁點快樂。

好好享受你所擁有的東西吧!

開心，因為你值得

斷然地說某些人對於開心這件事感到害怕，聽起來幾乎很蠢。但這是事實。

有些人害怕享受，因為他們覺得萬一失去了，會因此感到受傷。有些人甚至可能認為自己不值得擁有開心，所以擁有的

快樂都會被剝奪；有些人則相信痛苦才是美德，而快樂是惡魔的產物。

的確，快樂也有副作用，但通常都是你自己製造出來的。人們應該充滿人性地享受事物，對他人抱持尊重與關心，並避

免做出會傷害他人的踰矩行為。拒絕健康地享受是愚蠢的。

　　如果你受內疚感折磨，而開始認為自己不值得感到開心，那麼你可以採取適當的行為來消除這份內疚：諮詢你的靈性指導師或心理治療師。如果需要，甚至兩者都試試。千萬別讓自己放棄快樂的權利。

C.8 憂鬱

憂鬱有時是一種家族疾病

當我還在精神科醫師的受訓期時，有一位住院的憂鬱症患者獲准在假日回家探望家人。她回來後，跟我們說那個週末令人愉悅，自己也過得很開心。

於是當她的丈夫打電話來抱怨整個週末糟糕至極時，我相當訝異。他說他老婆既暴躁又悶悶不樂，把大家的生活搞得很悲慘。

我問主管為什麼會存在這種差異。他告訴我，這之中並沒有任何出入：兩方的說法都是對的。她的確讓大家變得很悲慘，但也確實完全樂在其中。

　　有些類型的憂鬱是因為身體中的化學物質不平衡而引起的。這類憂鬱患者承受著極大的情緒痛苦，而他們通常沒有要傷害任何人的意圖。

　　但也有不是源於生理成因的憂鬱，這類人通常會希望其他人為此付出代價。這類型憂鬱的人很可能會挑釁激怒他人，而且他們似乎能從自身的憂鬱獲得一種奇怪的安慰。在這些情況下，最糟的反應方式就是允許這個機制持續進行下去。

　　因體內化學物質失衡而憂鬱的人，因為已對此感到筋疲力竭且絕望，會願意做任何事來改善情況。他們不一定可以輕易提起幹勁行動，但會願意嘗試任何能帶來希望的療法。而那些因為需要發洩而感到憂鬱的人，態度則相對明顯：他們不想要好起來。

欸，我現在心情很差！

或許我可以幫得上忙。

我去幫妳準備點心時，妳就代替我好好享受電視機前的這個位子，怎麼樣？

有時候，我們就是需要一些細心的照顧來讓自己好受一些。

看到沒？我立刻回來了！我幫妳拿了一個很好吃的三明治、一些巧克力脆片餅乾，跟一杯冰牛奶…

妳還需要我幫妳拿什麼嗎？

有沒有什麼是我沒想到的？

有，有一件事情你沒想到…

我不想要讓心情變好!!

事實上，憂鬱似乎能帶給這類型的人一種奇怪的安慰。

可惡…

當你無法因此感到舒服時，
生悶氣就沒意義了。

如果你對某人感到生氣，別用憂鬱發洩怒氣。如果你身邊
有人正陷入憂鬱，請遵從醫生的建議。有時候他們需要你的關
心跟幫助，但有時候你不能迎合他們的行為。此時能有人從旁
給予有用的指導、告訴你該怎麼做，是很重要的。

繼續過活

憂鬱令人如此不舒服，以至於在第一時間，很難想像為什麼會有人想要抓住它不放。但這的確會發生。

你有沒有曾經因為沒辦法忘卻某些痛苦的經驗，而覺得無法繼續生活下去呢？

大部分人都可以熬過失望及悲劇發生的時期，並繼續生活下去。除非他們太害怕繼續在生活中承擔風險，因此把憂鬱當成不往前邁進的藉口。

C.9 責任

別把自己的失敗怪罪給別人

　　爲自己的失敗負責這件事一直以來都很困難，因此我們總是想找到一個藉口，或是某個方法來轉嫁責任。

　　當怪罪他人的需求出現時，所有的邏輯規則都會被拋棄。我們可能把責任推給那些幾乎與事情無關的人。

在上面的漫畫裡，只有一件事情不完全正確。那就是佩蒂明確知道自己正在不公平地把罪怪到某個人頭上。在現實生活中，這樣的覺察甚少發生。

如果真的都是「小查的」錯，那麼佩蒂就沒辦法做任何事來改善成績。如果都是她自己的錯，佩蒂就必須做出更多努力。她必須讀書、做作業、認真上課。顯然，把自己的失敗歸為別人的錯誤容易許多。

當事情出錯時，別急著找人怪罪，而是找出修正問題的方法。

卸責，任何藉口都行

當你不想為自己的失敗承擔責任時，任何藉口都算數。這個藉口不需要合乎邏輯，事實上，它還可能荒謬得明顯，但當你需要時，連這種藉口都能成立。

如果老師不喜歡你的長相，你就沒救了。

因為我的鼻子很大，所以不及格，就是這麼簡單…

借我看一下妳的考卷。

　　如果有個比賽需要用「我失敗了，因為……」來造句，應該有很多人可以一口氣寫出二三十個字，或用更少的時間來贏得比賽。他們可以交出好幾種版本，但沒有一句話的結尾會是：「因為我努力得不夠多。」

　　有時候我們的確會遇到令人措手不及的情況，此時即便是最好的差事也可能被阻撓。但如果先回頭看看自己過往的努力，眞誠地去檢視事實，你會發現導致失敗發生的原因，往往是努力不足。

先審視自己的努力

　　很多時候，失敗是因為沒有付出努力。可能是沒有興趣、分心，或者單純懶惰，都很可能使我們不做能取得成功的事情。

自尊心低落的人可能傾向把所有問題都歸咎於自己身上，不過也有另一部分人不願意承認責任源於自己。有時候，看見自己的缺點實在太可怕了，把自己看做是事情超乎控制下的單純受害者相對容易許多。

瑪西，老師總是給那些頭髮綁緞帶的女生好成績，妳看著⋯

不，女士，我不知道答案，但我頭上綁了許多緞帶。

佩蒂小姐，答案是「十二」。

即使頭髮綁了緞帶，如果有個大鼻子，老師也會不喜歡妳⋯

當事情對你來說不甚如意時，試著客觀思考發生了什麼事。如果你發現犯了個錯誤，別讓它擊倒你。我們都會犯錯，認清自己在哪一步走錯，就可以採取正確的方法來避免下次犯下同樣的錯誤。

如果你發現自己正在為失敗找理由，把原因歸咎給其他人或任何超出預期的事，停止吧。的確可能不只一個人要為此負責，但最好從你做了與沒做什麼，開始尋找問題的所在。

找出代罪羔羊這件事可能讓你暫時鬆一口氣，但並不會爲你最終的成功帶來任何益處。

C.10 應對

那些負面經驗

「在生命中，有一點小雨在所難免。」的確，不過下雨就是下雨，也無需讓這種雨變成雷雨或是龍捲風。

即便發生令人不開心的事，我們都可以選擇要放大或是縮小事情的影響力，這完全取決於個人的解讀。而在這些事情上，我們的確擁有自由解讀的空間。

不管是什麼原因讓你變成派對上的壁花，有時候可能是做了某些事讓其他人遠離，有時候則是因爲害怕被拒絕，所以主動先從他人身邊退離，根本不給別人喜歡自己的機會！

如果你認爲自己基本上是個好人，卻不如想像中受歡迎，可以去觀察看看是什麼原因影響了你的人氣。但相反地，如果你說服自己打從根本就是個差勁的人，並認爲這是無法改變的事實，那麼你將很難爲此做出改變。

給自己一點休息時間，你可以成爲一個更好版本的自己，大多數人都是如此。

從容面對失望

讓焦慮持續堆疊到成爲排山倒海的緊張感已經夠慘了，如果這份焦慮的盡頭是個令人失望的結果，那麼坐下來並做出適當的調整絕對有其必要。

　　有些人可能會因為遭受失望的過度打擊而不願接受現實。
他們甚至會拒絕接受顯而易見的事實，或嘗試改變無法更動的

事情。這樣做的最好情況是，這些努力都是無用的。而最壞的情況則是，甚至可能因此承受比失望更大的痛苦。

如果你考試考砸了，別用不堪入耳的話跟教授對峙；如果你沒有收到預期的加薪，也別在一時衝動下咒罵你的老闆後直接辭職。給自己一點冷靜跟思考的時間，如果結論是自己受到不公的對待，那麼嘗試跟你的指導老師或老闆理性談話。這樣做有時候的確有效。

冷靜分析已經發生的事情，或許有助於找到能改善情況的實際行動：多讀一些書、表現出更好的工作態度、或是在人際上遇到挫折時，檢視你與他人的互動。跟你的朋友討論這些可能的方法。

如此，你應該能避免遇到更多令人失望的結果。

壞事也會發生在好人身上

從人類可以思考的那天起，就一直在尋找一個答案，試著解釋世界上為什麼存在苦難，所有最偉大的神學家跟哲學家們都試圖解決這個問題。但如果你誠實地衡量所有理論，會得出

一項結論：沒有一個既令人滿意又合乎邏輯的答案。

有人說所有苦難都來自神的懲罰，我很好奇他們如何能直接感受到神的心思？

作為信仰，我願意相信神會施福於好人、降罰於惡人。但如果要論及個人經歷，我無法宣稱自己知道為什麼某件事情會發生在某個人身上，我相信其他人也不可能知道為什麼。

沒有任何事比在他人的傷口上撒鹽，告訴他們那是自作自受還要來得殘酷。就算你無法幫助或安慰那些正在受苦的人，也別用怪罪他們來加深這些痛苦。

你怎麼了？

我的手指被碎片扎到了…

啊哈！那代表你得到了報應！

你最近犯了什麼錯？

我根本沒做錯**任何事**！

但你手上有**碎片**啊，不是嗎？那不就代表了**厄運**？你絕對是因為**做了壞事**而遭受報應！

嘿，等一下，那麼…

你又知道什麼了，查理布朗？這是個**徵兆**！這就是懲罰的徵兆！奈勒斯做了某件壞事，所以他現在要遭受報應！

我知道跟這些有關的所有事情！我知道！

它**掉了**！碎片剛剛突然掉出來了！

今天的神學課到此為止了！

比起悲慘，多期待樂趣發生

人類會有許多不同的情緒，而且多數情緒的產生並沒有明顯原因。我們可能因為無法辨明的原由覺得心情很糟。

如果你願意，這些壞心情會逐漸消失。但如果你持續想著它們，或更甚者，把它們視為不祥的徵兆，那麼你將不只是在延續這些情緒而已，更是在創造一個當事情變糟，讓自己有理由感到心情差的情境。

　如果你早上起床，有種今天會發生壞事的預感，別太當真。很可能是前一晚做了個惡夢，雖然早上已經不記得了，但有些殘存的感受存在。或是體內的賀爾蒙可能剛經歷一些變化，科學家發現這也會改變人的心情。

　打給一個不介意早上接到電話的朋友；拿一本書，讀幾個好笑的故事；如果你有信仰，讀幾篇祈禱文，尤其是那種可以帶來喜悅的禱詞。

　最沒用的應對方式，就是真的相信你今天會做出一些愚蠢的事。

正面態度是最好的止痛藥

我們都知道情緒會影響身體的感受。如果今天是要去領一筆豐厚獎金的日子，那麼不管是髖關節疼痛還是頭痛，都顯得微不足道。但如果今天是被國稅局查帳的日子，同樣的疼痛可以讓你不舒服到需要急診住院。

當然，重大疾病無論如何都會嚴重影響個人的行動能力。但沒必要讓那些不會威脅到生命的不適變得如此嚴重，除非你希望它們造成這種結果。

　如果你相信自己即將輸掉這場比賽,那麼首投大概會立刻被對手擊出場外,全身上下的肌肉也很可能都會感到疼痛。

　如果你真的一直以來都在輸球,何不試著求助專業諮詢或治療呢?或許你不應該打棒球,或許你正在做著不適合自己的工作,又或著你正因為家裡有困難而無法發揮平常的實力。不管怎樣,你需要幫助。

　但如果你的狀況就跟大多數人一樣,有時贏,有時輸,那麼往正面的方向想吧。別讓小小的痛苦影響你的生活。

結果通常取決於預期

　雖然很多時候總會發生預料之外的情況,但也有數不清的

時候是：一切都在我們的掌握之中。要成功適應生活，必須學會區分可控與不可控制的事物。

　　採取失敗主義的態度可能招來打擊，讓我們陷入一種永久的惡性循環之中。先預期失敗，然後因為這種預想而常常面臨失敗，於是回頭相信當初的預期是對的。簡單來說，如果我們為自己貼上輸家的標籤，就很可能真的成為輸家。

陽光照射進眼睛導致漏接球，這無可避免，但因為對未來的預期而看不見眼前的球，就絕對可以避免。

　　有時候我們可能不想相信是自己的態度決定了未來，因此把責任歸咎於事情超出掌控：天氣、經濟環境，尤其是其他人。

　　維吉爾說：「鳥之所以能飛，是因為牠們相信自己可以。」

　　控制態度這件事比你想像中容易。想著成功，你將更容易成功。

C.11 積極採取行動

現在就把事做完

　　拖延事情很常見，因此很少被視爲異常行爲。也許偶爾拖沓一下沒有什麼不好。假使今天錯過了一個珍貴機會，我們會從中記取教訓，並在下一次更加努力。

　　但對某些人來說，拖延似乎已成慣性。他們永遠不會準時完成任務，甚至在因爲拖延而吃虧後，仍不改變行事作風。這些人顯然無法從經驗中學習，堅持拖延的程度就像是把它奉爲生活圭臬一般。

從小到大，你大概聽了不下數千次的「別把事情往後拖」。所以也沒必要再多說一次。但你可以檢視自己的習慣，看看自己拖延的方式是否與其他人相似。

你總是習慣性遲到嗎？有沒有每年都申請延長所得稅申報的時間？有多常因為逾期付款而被罰錢？如果把拖延造成的所有損失加起來，這個習慣浪費了你多少金錢、時間，和錯過的機會呢？

但也別矯枉過正……

　　過度拖延是個不好的特質，但彷彿沒有明天般地想把事情立刻做完，不然就會感到過分焦慮也一樣不好。

我們說那些經常感受到時間壓力的人擁有「Ａ型人格」。這種行為帶來的傷害包含高血壓、偏頭痛，和心臟病發作。別將「把每一天都當成最後一天來過」的意思誤解成，你必須在今天完成未來一兩年內該做的每件事。

不管是拖延還是對延遲感到恐慌都不健康，但你可以保持在中間地帶。

畢竟事實是，我們大多數的人到了明天仍舊活著。

如果你在一月二十號收到所得稅表格，不用一定要在當天填寫完，但也不需要拖到四月十五才跑去郵局排隊。在二月或是三月初的某一天完成聽起來如何呢？此外，即使到了最後一天也用不著恐慌，只要表現出即使沒有機會彌補，你也不會拋下任何事不管的態度就好。

選擇，還是選擇

有些人總是難以做決定，甚至嚴重到因為無法決定而動彈不得的程度。最終，他們也不會完成任何事。

　　當然，不能靠一時衝動在沒有好好衡量兩邊的優缺點前，就作出重要決定。但當事情相對不重要時，為什麼要為此想破頭呢？

　　有些人會對每件細微小事都賦予過分的關注。如果可以讓兩個選項中的一個明顯優於另一個，那麼根本不用猶豫要選誰。而如果你手邊擁有的選項真的很接近，而問題本身又不是那麼重要，又為何要猶豫不決呢？不管決定為何，你都不可能完全錯誤。

我看過有些人就是無法決定要買哪個顏色的車，或是要選哪種顏色的地毯。如果你沒有明顯的喜好，那麼顯然這兩個選擇很接近，沒有必要把他們的差異看得那麼大。

不選擇也是一種選擇

　　對自己的評斷沒有信心的人，往往會選擇最簡單的方式：基本上來說，就是讓別人幫他們做選擇。

如果有關穿搭或家中裝潢，這並不是太嚴重的問題。但如果涉及道德倫理，放棄做決定的責任就是個錯誤。

一個人不可能逃避選擇。決定服從也是種選擇，你選擇不為自己做決定，而這件事本身，就是一個道德選擇題。

當然，在需要特定知識的事物上，接受專家的意見是有智慧的決定。不過要做出有關道德的選擇時，雖然應該仔細聆聽這些議題的專家怎麼說，但最終的決定將屬於個人。

有時候一個人的聲望足以使他人願意聽從他的說法，並依此作出抉擇。只要始終如一，不單純憑個人喜好來做決定，這件事並沒有錯。

但除非你有一個值得信任的導師，否則別隨波逐流，請維護自己做決定的權利跟責任。

問題是什麼？

當一個運動團隊表現不佳時，總教練被開除是常有的事。（我常常好奇為什麼當下一個團隊雇用這個看似能力不佳的教練後，經常就會取得勝利。）

為了改變而改變是人的天性。

買一件新衣服常常可以讓一個人脫離壞心情，搬到另一個城市重新開始也有機會讓一個人離開一成不變的泥淖。

這種行為背後潛藏著一個問題。有時候明明真正需要改變的是自己，人們卻會嘗試透過控制外在環境來改善生活。看到人們把痛苦怪罪給另一半或因此終止原本可以繼續往下走的感情，實在是件令人難過的事。更可悲的是在嘗試改變後，最終才發現問題來自自己。有時候這樣的覺知要到生命中後期階段才會出現，而此時，成長與增加工作產出的機會都已經大幅減少了。

　　或許你的確需要某些變化。但如果你正在考慮的這個改變會大大影響其他人的生活，像是你的伴侶或是小孩，你應該在衝動地決定這就是問題來源之前，先諮詢一下專業人士。

謹慎思考什麼是真正的需要

　　有天我接到一通電話。一位當時持續使用多種藥物，包含海洛因與酒精的男性向我求助。針對他的問題，我們討論了治療過程中會需要用到哪些東西。當我提出一種可以幫助戒酒的藥物時，對方卻不太情願。原因是：「我不想吃任何非必要的

藥物。」

　　我們只能得出這樣的結論：這個人在過去使用多種有毒藥物時，對毒品的渴望已經強烈到那些東西之於他，都是「絕對必要的」。

　　不管是想吃的、想喝的，或是想擁有的東西，我們都應該意識到，對某件事情的渴望可以強大到使它不再是一種奢侈或

選項，而變成一種「絕對性必要」存在。

安排你的優先順序

　　生命中有些抉擇很重大，有些則沒那麼重要，而有些則小到幾乎沒有任何影響。對於重要的事情投入較多心力，給予其他較少的關注，是很合理的。

　　有時候，我們可能會因為一些心理因素，扭曲了優先順序。例如，一位對自己很沒自信的女性，可能會花很多心力在外貌上，以至於一個小小的皮膚問題對她來說比事業還重大；一個認為自己在學術上很失敗的學生，可能會花更多時間在穿搭而非研究上。對某些人來說無足輕重的事，對其他人來說，很可能就像在做職涯選擇一樣重大。

　　我看過有些人，比起研究自己小孩該上哪所學校，更在乎要買哪一款車。我們身邊或許也都有比起自己小孩要跟誰結婚，更在乎婚禮上的花卉裝飾完不完美的人。

應該把生活各個層面依據重要性來區分排名，然後計算分別該花多少時間在不同的事上面。

尋找有效的解方

你可能因為贏了一筆樂透而變得有錢，或是某天老闆興致一來，決定幫所有名字開頭是 Z 的人升遷。但別寄望這些。

有些人因為缺乏努力而無法達成設定的目標，這有可能完全是懶惰導致。有時候，這些人的確會向外尋求建議或引導，但如果聽到的建議不符合現在舒適的生活方式，他們可能就不會去做任何必要的改變。相反地，還可能繼續向其他人詢問，直到找到滿意的解方為止。

如果你得到的建議不太適合自己，先別斷然拒絕。如果有人給了一個你覺得很適合的解方，記得好好審視一下，很可能你一直以來都已經做著同樣的事。

許多生命中的好事，都是在一番努力後才出現的。

進化，不是革命

關於改變這件事，有很多東西值得討論。無論是從個人或是群體的角度來看，人類都與完美相隔甚遠。但如果一項改變要具有建設性，它發生的速度必須是可以被理解、整合，以及評價的。

這就跟待在一個完全黑暗的地方時，如果突然被強光照射

會感到痛苦，甚至受傷一樣。此外，就像是我們都知道肥胖不健康，但醫生仍然不建議在短時間內快速減重。我們的身體需要一些時間適應。

在科技更新迅速的時代裡，我們很容易對事物失去耐心，總是相信事情一定都有捷徑。

注視著小孩的成長跟發展令人愉悅，但這些看起來發生快

速的事情其實並非一夕之間變得如此。嬰兒們在走路之前必須先學會爬行，而他們在掌握行走能力前，也一定會經歷多次摔倒。小孩的第一句話絕不會是從背誦「蓋茲堡演說」開始。此外，他們獲得的所有新經驗，都是在充滿愛與關懷的環境下，由已經有經驗的大人引導著。

你當然要透過自身的能量帶來改變，但要確保改變是具有建設性的。沒有會說話的人從旁引領學習，最終只會變成沒有含義的喃喃自語而已。

關於熱情：少就是多

今天是你終於要清理車庫的日子，而且是整個車庫。做完這件事，裡頭就會跟醫院裡的走道一樣乾淨到發亮。

電視上正播著關於某個疾病的馬拉松式節目，因為這真的太感人了，所以你決定直到敲完所有鄰居的門，為醫治疾病的研究募到款之前，都不打算休息。

牧師的講道實在啓發人心，現在應該好好思考生命中那些重要的事，而不是沉浸在愚蠢的消遣之中。

多麼大的熱忱跟奉獻啊！順帶一提，有人有碼錶可以拿來計時嗎？

問題在於當我們想要一口氣吃掉太多東西時，最終都會吐掉它。如果你設立目標時的野心太大，那麼「全有或全無」的規則就會發生，而最終通常什麼事也無法完成。

從把車庫裡的一些垃圾清掉開始執行；設定一次募款行程只要拜訪三到四家就好；從牧師建議的所有事項中先挑一件來做。一次吃下你覺得可以舒服咀嚼跟嚥下的量就好。

當你需要時，尋求幫助

能夠獨立跟自給自足絕對值得讚賞，但這跟任何好特質一樣，一旦變得極端，就可能產生反效果。

有些人似乎自尊心過強，以致即使在真正有需要時，也拒絕向他人求助。或許這是因為在大腦深處，他們不僅認為自己是不足的，還相信對外求助這件事將會證實這樣的恐懼。換句話說，他們把接受幫助解讀成能力不足的證明。

問題是，當我們拒絕接受真正需要的幫助，並堅持所有事都要自己來時，最終可能會損失慘重。而這些錯誤原本是有機會避免的。

　　頭腦或許比手臂還要有智慧得多，但它有時也需要手臂的支撐。只因為不想承認需要手臂的幫助就讓頭腦受苦，是個不明智的抉擇。別害怕因為需要幫助而麻煩到別人。大多數的人都很願意伸出援手，這會讓他們覺得自己有所用處。不過當手臂被過度依賴或承受過重的力道也會感到疲倦，所以別太過火。

　　當你有能力時，難道不喜歡幫助他人的感覺嗎？換個角度說，如果你沒辦法接受他人的協助，又有什麼權利去給予幫助呢？

別在開始之前就放棄

　　一個擁有整個房間玩具的小孩，在看到電動火車時可能會把它看作觸電的潛在危險，萬一被錘子與釘子刺傷可能會得破傷風，而腳踏車可能在騎的途中跌落造成骨折。而另一個沒有玩具的孩子看著一坨馬糞，會開心得出一個結論：附近應該有一隻小馬。

　　態度就是一切。像是地震、火災、嚴重疾病等這些重大的災禍的確會發生。但如果你眼中一直以來只看得見災難，那很可能這些災難其實來自你自己，而非外在世界。

感覺滿好玩的，
你覺得呢？

就只是另一個會
讓我輸掉的事…

生命中充斥著機會。只要你願意嘗試，就有可能成功。

要不斷獲得成功或許不太可能，但把該做的事情做好，成功時享受成功，失敗時看作是事業投資的必要支出。

有些人會被可能失敗的想法擊退，害怕到無法做出任何嘗試。但如果你什麼都不做，你就真的是個輸家。

不行動而導致的失敗，沒理由比行動後遇到的失敗來得好。所以，踏出第一步吧！

你可以享受成功

有些人做了商業上的冒險決策，卻在成功近在咫尺時，又做出一些事情來毀掉一切。當這種情況不是偶發，而看起來像

是種模式時，背後絕對有原因。

　　你的確聽過有些人會害怕成功，但這聽起來真的太奇怪了，為什麼會有人害怕成功呢？因為成功大多數時候都意味著新的責任，有些人想逃避這些。同時，成功做到某件事情也代表你沒辦法繼續打著自己天生就是失敗者的名號了。

　　對那些反覆失敗的人來說，這是一個舒適圈。他們早就習

慣失敗，因此這是個已知的領域。

　　雖然成功看起來很吸引人，但如果這對你來說是某件全新的事，那就是個未知的領域，而任何未知的事物都可以很嚇人。

　　當你還是個嬰孩時，都是用四肢在地上爬行。不過現在的你早已不是如此，顯然已經掌握了行走的技術，然而在熟練之前，你一定經歷過多次跌倒。

　　因此，你其實早已擁有即使失敗，仍然堅持某件事的經驗，還成功使用了一個更有效率的方式來取代舊的作法。

　　就從這些經驗中汲取養分吧，別害怕成功。

C.12 價值

生命的意義

　　一直以來，哲學家與神學家們透過大量書寫來探討生命的意義。理性主義者們則試圖不訴諸任何超自然力量，只以純粹的理性找出生命的意義。超驗主義者們則從這個世界以外的存在中找到意義。

　　對許多人來說，這些都不是生命的意義。在他們的世界中，需求與渴望無法得到滿足的生命是沒有意義的，而滿足個人欲望則是他們追求的意義。

　　當然，每個人都有以自己的方式詮釋概念的自由，但能不欺騙自己是最好的。如果你真心想要的是物質上的開心，就別假裝你更在意那些崇高的想法。

　　有些人對意義跟目的的想法從不曾超越他們的胃。

知道你的主張

　　有些人似乎是反對聯盟的忠實成員。任何事只要站在反對立場上，反對的對象倒是其次。他們會快速拉開抗議布條，對事情展現積極好戰的態度。不過一旦最初的原則或目標消失，他們就會迅速找到另一個新目標，為此發起新的行動。

　　我們不應該把這種人與謹慎思考的支持或對抗者混淆。後面那類人可能會有真正值得思考的想法。

那要怎麼分辨出哪些人是真心誠意為自己的原則而戰，哪些人又只是為了找些事情來做呢？

大多數真誠的支持者都有自己擁護的立場，他們不會大呼小叫。當你有完善的理由跟證據來支持自己的觀點時，就不需要大聲呼喊。

這些有想法的人通常也會忠於手邊的議題，而那些喋喋不休的人則會為了愚蠢的原因到處挑起紛爭。

不管怎麼樣，聽聽有想法的人說什麼，別去關注那些徒有其表的人。

真正的價值觀不會改變

自古以來，雙重標準就一直存在著。最古老的道德觀都告誡我們不要有利益衝突，因為一旦個人的利益受到威脅，判斷力就可能隨之產生巨大的轉變。

尋找個人利益並不可恥，可恥的是為了私利顛倒是非，把黑的說成白的。

不幸的是，個人的私利不僅會影響我們的判斷力，還會蒙蔽雙眼，使我們不知道自己並非為真相及正義服務，只是在為個人謀利。

注意你的判斷力是否因為個人利益而受到影響。嘗試從他人的立場出發，思考如果你是他們，會有怎樣的反應，這會有所幫助。

　　有一部分的你很可能一直堅守事實，並且不願接受任何妥協。如果你讓私利動搖了信念，雖然在短期內或許可以獲得好處，但長久下來將受到良心與罪惡感的譴責，這並不值得。

挺身而出

　　無記名投票作為民主程序中的一項重要方法，可以避免任何偏袒或恐懼報復而影響程序。但這也是保密原則的極限了。當人們希望表達自己的立場時，祕密原則將不再適用。

　　如果你沒有為自己的信念站出來的勇氣，那它應該算不上是什麼信念。

給編輯：

我想我們所有人從現在開始都應該變得更加積極。

我們必須為自己說話，不要讓他人為我們發聲！

我們每個人都應該站出來，並且被列名計算！！

不具名人士敬上

　　不管我們作為政府或是全體公民的一分子，都不應該模稜兩可。應該秉持理性判斷，並有足夠的信心為自己的意見辯護。

別太頑固，但要重視自己的判斷力

　　自尊心低落的人常有的一種模式是快速接受他人的想法。即便最初認為自己的意見有效合理，但缺乏自信讓他們在最微

小的挑戰前也會退縮。每個人知道的都比他們多。

　　這樣的人缺乏對自己信念的支持，容易受到任何意見動搖。甚至，他們接受另一個人的想法這件事也不會持續很久，因為決定接受他人意見這件事出自於自己的判斷，而對這些人來說，自己的判斷不可信賴。

如果你認為，不該在沒有充分考慮所有相關議題的情況下做出結論，那麼你應該要對自己的判斷力有自信。

如果你的判斷遭受挑戰，別一味反駁或拒絕思考他人的觀點。但是另一方面，也別在還沒好好分析自己的立場前，就率先倒戈。你就跟其他人一樣，都擁有表達意見的權利。

別用自己的想像來描繪正義

對於群體生活來說，必須要有一個可以衡量對錯、值得信賴的標準存在，而且這些標準必須同樣適用於富人和窮人。任何一個社會要是開始對部分公民使用一套標準，對另一群人使用另一套，那麼這個體系的正義就崩壞了。

理想主義在不為私利服務時是很美好的。然而，有些人的理想主義看起來不存在於他們的口腹與物質欲望之外。如果這兩者都沒被滿足，他們的信念就會完全改變。

　　如果經過一座遊樂場，聽到某個孩子哭喊著「不公平」時，你可以確定這個孩子一定是在玩遊戲時輸了，贏家可不會抗議。

　　但當我們成為成熟的大人，思考應該也隨之成熟。不管對我們是否有利，對的就是對的。而即使可能從中獲益，錯的也還是錯的。

理想主義並非永遠純粹簡單

　　有個關於有錢男人跟他的私人司機的故事。這個私人司機曾公開宣稱自己是社會主義者，但他的老闆並沒有反對他參與各式社會主義支持者活動。這位有錢的男人有天傍晚驚訝地發現，他的私人司機居然沒有去參加聚眾活動，而是待在家中。

　　他問司機為何沒去會議時，司機回答：「上一次參加會議時，他們說在革命成功後，世界上所有財富都會被重新分配。不管是男人、女人、小孩，每個人都會拿到四十一萬元。」

　　「但是，」司機繼續說道：「我現在身上已經有四十二萬了。」有些理想主義僅限於能因其受惠的人。

　　有些人有自己的道德或倫理準則，即使得付出代價，他們也會遵守。而某些人的倫理準則則會在遇到壓力時逐漸消失。

　　倫理道德並不只是在布道會或研討會上討論的主題而已，倫理道德在一個人的尊嚴中扮演了重要的角色。

　　你相信哪種倫理？

強權不等於正義

　　當人們想要控制他人或從他人身上獲得利益時，就會碰到良知的問題。他們可能會被自己的正義感折磨，或是與那些反對他們行為的人正面衝突。

　　如果你無法抵抗誘惑，雖然那已經夠糟糕了，但至少還可能因為感受到良知的考驗而決定不要做出不值得的錯事。但如果你欺騙自己正在做的事情是對的，那麼將永遠沒有改正自己行為的機會。

　　如果你意識到自己的欲望可能會導致犯下錯誤，就別矇騙自己錯的是對的。

C.13 與他人打交道

體諒別人的感受

　　有許多自助團體是由曾經經歷過某些難題，並且願意主動分享希望、力量、勇氣給他人的人組成。

　　與已經康復的酗酒者或成癮者聯繫所能帶來的其中一個收穫是，由於他們正是曾經為其所苦的人，他們記得自己的痛苦，因此通常都能同理正在經歷這些苦難的人。

　　大多數人都推崇成功學，這沒有什麼不對。想要贏得勝利是很棒的動力，而且事實上多數人之所以努力，也都源自於想成功的欲望。

　　並非每場勝利都有相對應的輸家，但如果是比賽或競爭，那就只有在其他人輸的時候才會贏。沉浸在勝利的光輝中固然令人喜悅，但如果你是從競爭廝殺中脫穎而出的贏家，記得，此刻有些人輸了，並且可能因此而感到受傷。

　　成為一個有風度的贏家，跟成為一個有風度的輸家一樣重要。

口舌的力量

　　許多人對大眾傳媒頗有微詞。我們都聽說過許多關於媒體不負責任，以及公開抨擊他人有多不公不義的事，尤其當這些指控事後被證實錯誤，卻已無法收回的時候。

　　不過這些對媒體嚴格審視的人是否在指責或貶低他人時有所收斂，倒是值得注意。一個人因為在社區裡被傳八卦而受到的傷害，並不亞於報紙上的一篇文章。

關於不負責任的媒體，你的看法可能是對的，而你因正義感受到的怒火及隨之而來的發言可能會，也可能不會對媒體執業產生影響。

但有一種類型的人格詆毀是你可以處理的，就是你自己對其他人的汙衊。

毀掉他人的記者之所以這樣做，是希望報導受到矚目；汙衊他人的人則可能是透過貶低別人來讓自己顯得更好。這兩者都是自私且不為他人著想的。

別為了抬高自己而踩低別人。

別在別人低落時補上一腳

是人都會犯錯。有時是不小心的，而在這種情況下犯錯的人通常值得被原諒。但有時候卻是出於自私心態，如果因為不慎且自私的行為傷害到他人，理當被譴責或懲罰。

但許多時候，現實社會卻總是對血味趨之若鶩，冷眼旁觀復仇者做出同樣應該被譴責的行為。

　　寬容放任反社會行爲或是不負責任的,這與對其毫不留情的態度之間存著一線之隔。或許最終並沒有這樣的一條界線,因爲兩者之間的距離就如同差了許多緯度一樣。

　　把懲罰視爲報應或許情有可原,把懲罰當作一種威懾力量,聽起來也很合理。但透過看著他人痛苦來得到滿足這件事就讓人無法認同,而且隱含著病態情緒的存在。

　　針對犯罪或冒犯行爲進行的懲罰,必須能讓做出行爲的人「受到傷害」,但這已經足夠。若繼續加上侮辱,那麼我們貶

低的並非他人，而是自己。

讓你的溝通顯得真誠

你知道為什麼有些人會覺得跟動物相處比跟人相處要來得自在嗎？因為動物的表現與牠們的感受一致，所以傳遞的情感值得信任。如果牠們覺得生氣，就會低聲嘶吼；如果牠們感到愉悅，就會發出呼嚕聲或搖尾巴。不過既然無法說話，除了表達自己的感受外，也沒有其他方式可以溝通了。

人類則不一樣，我們是擁有口語溝通能力的複雜存在，因此很可能嘴上說的，跟心裡想的不一樣。

我們可能沒有意識到的是，人類也有像動物一樣的非口語表達方式，只是這個行為是無法自主控制的。我們可以控制自己要說什麼，但真正的感受卻會用其他方式洩漏出去。一旦這兩種訊息相互衝突，傳達出去的意思就會變得含糊不清。

如果你認為一個人連百萬分之一的成功機率都沒有，與其顧左右而言他，不如直接說真話。如果你覺得他雖然過往的表現不亮眼，但這次會成功，那麼就這樣直說吧。

不要說謊的原因並不是因為這是不道德的，而是大部分人都不是厲害的騙子，至少在那些感受跟事實一樣重要的個人關係中不是。

沒錯，小查，
你是對的!我在說謊!!

　　所以別心裡想著一件事，說出來的卻不一樣，因為你的話語很可能令人感到困惑，而唯一能確定的就只有你不值得信任而已。

沉默是金

　　有些時刻適合傾聽，有些場合則適合發言。有句中國俗諺說，上帝為人創造出兩隻耳朵跟一張嘴，所以我們傾聽的時間

應該比說話的時間多上兩倍。

聆聽是在吸收知識，就像把錢存入銀行戶頭一樣。說話則是在提供已知的知識，就像是從戶頭裡提錢。如果提款超出存款，那麼就只剩下空頭支票而已。

由於沒有人是可以不說話只聆聽的，因此如果我們說得太多，最後可能只落得赤字下場。

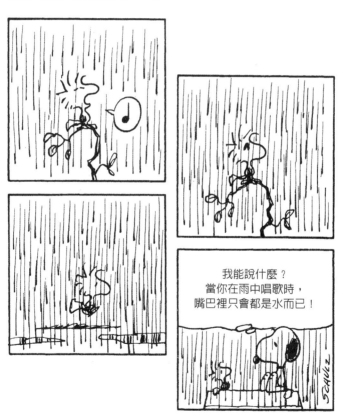

如果我們注意自己有多常變得「滿嘴都是水」，應該會發現如果沒有講這麼多話，很多像這樣的經驗是可以被避免的。

在適當的時機跟地點唱歌是件令人快樂的事，同樣的，只要慎選時機跟地點說話，智慧之言可以體現出許多價值。

小心點，別在說話時咬到舌頭。

這取決於是誰的問題

問題的嚴重性通常取決於它對我們的影響有多迅速。

如果風把煤渣吹進你的眼睛裡，在把它弄掉之前，你都會不舒服到無法做任何事。即使在取出後，發現棉棒尖端的這片煤渣根本小到幾乎看不見，也無法降低當時的不適。當我們的某個地方很敏感時，即使是一點點影響，都感覺如同一座大山一樣沉重。

當我們經歷某件事時，這一點很明顯。但當受到影響的是其他人時，我們卻不一定會意識到。

　你有多常在試圖安慰他人時，說出你沒有別人慘這種話？當你收到這種安慰時，你的感受又是如何呢？

　在我們試圖幫助別人時，應該以自己的經驗作為同理的出發點。錯過午餐後出現的飢餓，比起在世界遠處的人所受的飢餓之苦更容易感受到，這是很正常的。

　溫柔對待他人，雖然他們的問題對你來說好像不是那麼重

大，但那對他們來說可能是非常嚴重的事情。

不計較回報地付出

　　理想情況下，我們應該因為某件事是對的而去執行，並且因為某事是錯的而避開它。

　　不管是誰在傳道書中寫下要不計較回報地付出，他都透澈了解了人類的天性。當最純潔無瑕的思想都無法成為一項動力時，至少要實際一點。今天做的一件美事可能會在某天有所回報，而不友善的行為最終可能會遭到報應。

大象並非唯一不會忘記事情的生物，那些受到傷害的人也會一直記得。

不是所有人都準備好要原諒他人的輕率行為，我們必須承認有時候這對我們來說也很難。

因此，為了避免未來發生不必要的憾事，請遵守一個黃金準則：如果不是完全無私，就自私一點地去做吧。

相互理解

世界是由各種不同類型的人組成，其中有些人會互相產生衝突。與眾不同並不代表一定會被捲入衝突，當擁有不同想法和信念的人可以互相尊重時，和平共存令人感到滿足。

然而，一旦人們開始懷疑起彼此的意圖，或是因爲對自己所支持的價值信念感到不安，害怕其他想法會隨之崛起時，麻煩事就會找上門。狂熱分子因此而生。

人類長久以來承受了這麼多苦難紛爭和流離失所，因此可以輕易理解爲什麼有些人會是和平主義者。

然而，像和平這樣珍貴的事物，也可能是用極度高昂的代價換得的。派翠克‧亨利的名言：「不自由，毋寧死。」就充分體現了這件事。有時候爲了保護身而爲人不可被剝奪的權

利，甚至連生命本身也可以犧牲。

　　我們當然必須付出心力了解他人，但這不能只是單向的付出。就跟去了解他人一樣，我們也需要被理解。

何不多角化經營？

　　當我們還是小孩時，大人們總是說不要把雞蛋放在同一個籃子裡。成為大人後，我們則被建議要使投資項目多樣化。

　　或許這些建議是有道理的。太多不會沉沒的船最後都沉船了，原本確信可以活得比人類還久的大公司也已經破產。沒有什麼事情會是絕對安全的。

　　所以何不多角化經營呢？

　　你的伴侶永遠都會忠貞於你，每當跟你待在一起，都像度蜜月時一樣欣喜若狂。我希望這件事是真的，但別太過依賴它。

　　你的小孩一直以來都對你表達滿滿的喜愛與崇拜，並且也會一直與你這麼親近，持續為你提供愛與陪伴。同樣地，我希望如此，但也別過度指望這件事。

　　何不去建立更多友誼呢？參與那些為了值得的事情而努力的組織。發展興趣、技能、戶外活動，培養出一些靜態的愛好。學習如何欣賞不同種類的藝術及音樂。培養讀書的品味，或是針對你想專注的某個特殊領域報名相關課程。

準備好不管生命給你什麼，都能好好享受的能力，在陽光與雨水中都能找到價值存在之處。

努力獲得內在的平靜

　　為什麼不管怎麼努力追求心中的平靜，都還是會經歷許多挫折跟不愉快呢？你可以靜坐，甚至獲得能與整個宇宙溝通的能力，但在發現汽車散熱器漏水時，你會怎麼反應？

　　我並沒有反對靜坐或是任何類似的練習，但我不能完全確定這個由內而外的修煉方法會是最有效的。

　　有些人會提倡另一個方法：「你想成為什麼樣子，就用什麼方式生活。在生活中表現得有靈性，你就會充滿靈性。」

　　這個方法或許不是那麼輕鬆，但它絕對有機會更有效。

我們當然愛查理布朗，他就是我們

在查爾斯‧舒茲的所有系列漫畫中，有一系列的標題是「但我們愛你，查理布朗」。

我們當然愛查理布朗，他就是我們。

應該說，我們每個人內在都有一部分的查理布朗。對有些人來說這很明顯，而對其他人來說可能隱藏在不同的行為或心理防衛機制下。由於這些行為跟機制多半在無意識層面運作，因此我們無法辨認出在體內的查理布朗。在這兩種情況下，問題都有可能發生。

如果現實是我們比自己認定的還要有能力且令人喜愛，那麼我們就是根據對自己能力的不實評估來適應世界，問題因此產生：無論我們是像查理布朗一樣積習難改、一再造成失敗的悲觀者，還是為了向他人證明自己不是自以為的一團爛泥，因而成為一個過度追求的人。

有時候我們無法接受成功。在一個電視版的特別節目中，查理布朗被選去護送返校女王，而返校女王正是他心儀的那個

紅髮女孩。查理布朗雖然稍早因為漏球而輸掉比賽，但後來卻在返校節舞會上大放異彩。他與紅髮女孩就是場中主角，他們的舞是其他人無法超越的。

但是，天啊！隔天查理居然完全忘記那場舞，他唯一記得的是漏球跟輸球的丟臉及痛苦。如果他無法記得成功，且任憑失敗籠罩，那麼在舞會上的亮眼表現又有什麼用處？如果我們無法將成功經驗轉換成為自己人格的一部分，那麼這些成功又有什麼用呢？

我們可以做許多事來讓自己更加開心，但首先要知道有些不開心的事情是可以避免的。查理布朗讓我們更加認識自己，只要仔細聆聽與觀察，就可以從中找出改變現況的方法。

好事何時發生？它們可以從現在開始發生，但你必須採取必要的行動來消除過往遭到扭曲的自我認知。

能否發現並相信關於自己的美好事實，一切取決於你。

www.booklife.com.tw   reader@mail.eurasian.com.tw

勵志書系 160

好事即將發生
史努比SNOOPY陪你找到自我認同，激勵低潮人生

作　　者／亞伯拉罕J・托爾斯基Abraham J. Twerski M.D.、
　　　　　查爾斯・M・舒茲Charles M. Schulz
譯　　者／戴家瑢
發 行 人／簡志忠
出 版 者／圓神出版社有限公司
地　　址／臺北市南京東路四段50號6樓之1
電　　話／（02）2579-6600・2579-8800・2570-3939
傳　　真／（02）2579-0338・2577-3220・2570-3636
副 社 長／陳秋月
主　　編／賴真真
責任編輯／吳靜怡
校　　對／吳靜怡・尉遲佩文
美術編輯／李家宜
行銷企畫／陳禹伶・林雅雯
印務統籌／劉鳳剛・高榮祥
監　　印／高榮祥
排　　版／莊寶鈴
經 銷 商／叩應股份有限公司
郵撥帳號／18707239
法律顧問／圓神出版事業機構法律顧問　蕭雄淋律師
印　　刷／祥峰印刷廠
2024年3月　初版
2024年9月　14刷

WHEN DO THE GOOD THINGS START?: A Therapist Looks at Life's Ups and Downs
(With a Bit of Help from Charlie Brown and His Friends)
Text Copyright © 1988 by Abraham J. Twerski
PEANUTS® Comic Strips: © 1957 through 1987
Published by arrangement with St. Martin's Publishing Group through Andrew
Nurnberg Associates International Limited. All rights reserved
Taiwan mandarin translation copyright © 2024 by Eurasian Press.

定價 340 元　　　　　ISBN 978-986-133-916-0

好事何時發生？它們可以從現在開始發生，但你必須採取必要的行動來消除過往遭到扭曲的自我認知。

能否發現並相信關於自己的美好事實，一切取決於你。

——《好事即將發生》

◆ **很喜歡這本書，很想要分享**

圓神書活網線上提供團購優惠，
或洽讀者服務部 02-2579-6600。

◆ **美好生活的提案家，期待為您服務**

圓神書活網 www.Booklife.com.tw
非會員歡迎體驗優惠，會員獨享累計福利！

國家圖書館出版品預行編目資料

好事即將發生：史努比SNOOPY陪你找到自我認同，激勵低潮人生 /
亞伯拉罕 J・托爾斯基（Abraham J. Twerski），查爾斯・M・舒茲（Charles
M. Schulz）著；戴家榕譯. -- 初版. -- 臺北市： 圓神出版社有限公司,
2024.03
　　224 面；14.8×20.8公分 -- （勵志書系；160）
　　譯自：When do the good things start? : a therapist looks at life's ups and
downs(with a bit of help from Charlie Brown and his friends)
　　ISBN 978-986-133-916-0（平裝）
　　1.CST：舒茲(Schulz, Charles M.(Charles Monroe),1922-2000)
　　2.CST：自我實現　3.CST：心理諮商　4.CST：漫畫
177.2　　　　　　　　　　　　　　　　　　　　　　113000364

When Do The Good Things Start?:
A therapist looks at life's ups and downs

When Do The Good Things Start?:
A therapist looks at life's ups and downs

When Do The Good Things Start?:
A therapist looks at life's ups and downs

When Do The Good Things Start?:
A therapist looks at life's ups and downs